Yon Liv Crabtree Rasin

Zannimo Pak Yo
POUL

AMY CULLIFORD
JEAN-PIERRE GASTON

CRABTREE
Publishing Company
www.crabtreebooks.com

Sipò Lekòl A Kay Pou Moun Kap Bay Swen Ak Pwofesè Yo

Liv sa a ede timoun yo grandi lespri yo nan kite yo pratike lekti. Men kèk kesyon kap ede lektè a bati konpreyansyon konpetans yo. Epons posib yo parèt an wouj.

Anvan Lekti:

- De kisa mwen panse liv sa ap pale?
    - *Liv sa a se sou poul.*
    - *Liv sa a se sou poul ki nan pak yo.*

- Kisa mwen vle aprann sou sijè sa?
    - *Mwen vle aprann ki son yon poul fè.*
    - *Mwen vle aprann ki koulè yon poul ka ye.*

Pandan Lekti:

- Mwen mande poukisa...
    - *Mwen mande poukisa poul yo gen koulè diferan.*
    - *Mwen mande poukisa poul ponn ze.*

- Kisa mwen te aprann jiskaprezan?
    - *Mwen te aprann ke poul yo se zwazo.*
    - *Mwen te aprann ke poul ponn ze.*

Aprè Lekti:

- Ki detay mwen te aprann sou sijè sa?
    - *Mwen te aprann ke ze ka gen koulè diferan.*
    - *Mwen aprann ke poul yo ponn ze yon fwa pa jou.*

- Li liv la ankò epi chèche mo vokabilè yo.
    - *Mwen wè mo* ***zwazo*** *nan paj 4 ak mo* ***ze*** *nan paj 8. Lòt mo vokabilè yo wap jwenn nan paj 14.*

Sa se yon **poul**.

Tout poul se **zwazo**.

Poul ka gen koulè blan,
nwa, mawon, oswa jòn!

Gen poul ki
ponn **ze**.

Ze yo ka gen koulè blan, oswa mawon.

Tout poul di, *klik!*

Lis Pawòl

Mo timoun rekonèt lè yo fèk kòmanse li

blan	oswa	yo
jòn	sa	yon
mawon	se	
nwa	tout	

Mo pouw Konnen

poul

ze

zwazo

34 mo

Sa se yon **poul**.

Tout poul se **zwazo**.

Poul ka gen koulè blan,
nwa, mawon, oswa jòn!

Gen poul ki ponn **ze**.

Ze yo ka gen koulè
blan
oswa mawon.

Tout poul di, *klik!*

Zannimo Pak Yo

POUL

CRABTREE Publishing Company

Ekri pa: Amy Culliford
Ki fèt pa: Rhea Wallace
Devlopman Seri a pa: James Earley
Korektè: Kathy Middleton
Konsiltan Edikasyon: Christina Lemke M.Ed.
Tradui pa: Jean-Pierre Gaston

Fotograf:
Shutterstock: VisunKhankasem: cover (tl); Perutskyi Petro: cover (tr); Moonborne: cover (b); Roblan: p. 1; Aksenova Natalya: p. 3, 7, 14; TTstudio: p. 4-5, 14; PhotoSongserm: p. 9; Anastasia Magonova: p. 11, 14; Putoe Soemi: p.12

Library and Archives Canada Cataloguing in Publication

CIP available at Library and Archives Canada

Library of Congress Cataloging-in-Publication Data

CIP available at Library of Congress

Crabtree Publishing Company

www.crabtreebooks.com 1-800-387-7650

Printed in Canada/052021/CPC

Pibliye Ozetazini
Crabtree Publishing
347 Fifth Avenue, Suite 1402-145
New York, NY, 10016

Pibliye nan Kanada
Crabtree Publishing
616 Welland Ave.
St. Catharines, Ontario L2M 5V6